Sons et chants

ADSO

Sons
Et
Chants

© 2014 Sandrine Adso
Edition : BoD - Books on Demand
12/14 rond-point des Champs Elysées
75008 Paris
Imprimé par BoD – Books on Demand, Norderstedt, Allemagne
ISBN : 9782322035854
Dépôt légal : juin 2014

La tente d'Achème

Sous la tente d'Achème,
J'irai dire je t'aime
A celui qui rendra la vie
A cette vie, sans tromperies.

Et j'aime l'éclat du bien, du bon et du beau
Et remercie Achème de l'attente et de son cadeau.
Le feu qui brûle, peut être, et renaître
Mais ce mal fait des larmes naître…

Et le feu du mal s'éteint
Sous la limpidité de nos pleurs.
J'irai pleurer ce matin
Et dire Merci à la lueur.

Je te vois, je t'entends et ce livre
Vole dans les secrets de nos gestes
Et chante les brasiers ivres,
Le livre après le vent…reste.

Et dans ce vent se pose, l'oiseau
Fait taire les loups
Affronte la tourmente et glisse dans les eaux
Le silence Eternel qui est à nous.

Et je t'ai retrouvé, sur le sol
Et dans le ciel.
Les pierres célestes, sans idoles
Les éclats de nuit, de jour : du miel…

De la présence d'Achème,
De la tente d'Achème,
En cet endroit,
Il y aura toi.

Plein d'amour
Elle, pleine du jour.
La vie se pose sur la mort
Pour que la cruelle mort

Ne nous atteigne pas
Et l'oiseau sera toujours là.
Comme ma main dans ta main
Fuir le doute qui devient

Le poison du combat,
L'ennemi, cette sonnerie
De la peur et des Lois
Qui ramène la vie.

Je t'attendrai éveillée

Pour entendre à nouveau les oiseaux de la destinée.
Je t'attendrai vivante, et je pleure de joie
Parce que je suis une femme, juste assise là.

Licorne, qui avance vers les étoiles
Grandit, vole et t'élève
Sur les sentiers pâles
L'éclat rejoint ton rêve.

Un rêve de cheval, de plume
Et nous délivrent de l'écume
De cet océan sans fond.
De l'avenir qui chante du fin fond
De cette beauté
Sera éternité.

Comme amour,
Comme le jour.

La caresse, l'unicité, de notre joie
Le bonheur, la confiance sont bien là.
Sous la tente d'Achème, bleue
La pluie, la lumière rejoignent le premier jeu.

Combattre la douleur est un jeu de Forces
Puisées au son du chant, gravées dans l'écorce.

Le chant du premier oiseau
Retrouve l'instant de la première lumière.
Merci, à la vie…, surtout à ta vie, cadeau
De la toute première et fois et prière.

Parce que tu es partout, Achème
Et jusque dans tes yeux même,
Le vent et le souffle sont uns,
Mais toi tu es cette porte du matin,

Où naît chaque matin, Ta lumière
Et je t'offre la première parole, le premier regard
Pour porter à ta source la soif de l'eau, cet éclair
Je chasserai les tourments, et les départs.

Oui, tu seras toujours sous la tente d'Achème
Et quand j'irai dire je t'aime.
Mes larmes rejoindront la rosée de cette jolie fleur
Pleine de Soleil, et promesse de bonheur.

C'est toi, Achème
Et, oui j'aime…

Tu tournes autour de moi
Plein de sourires et de tes bras.

Et j'irai dire Merci, car ce sera
Le premier pas.

Les grands oiseaux de la Nuit
Ils habitent les cieux et détestent la terre
Ils volent et ouvrent leurs serres.
Mais moi, je n'ai pas peur, car mes ailes poudrent de feu
Eblouissent les ténèbres et ouvrent mes yeux.

Je les vois, tourner fières et arrogants,
Eclaboussant de leurs rires stridents
Mais non ! La victoire est mienne
Mais oui ! La victoire est tienne.

Et cela parce que l'Amour et l'Amitié
Veillent dès le premier chant de la journée.
C'est comme l'eau et le feu :
L'Harmonie disperse les oiseaux de la nuit bleue.

Pourquoi ? Parce que ces oiseaux là ne sont que haine et mort
Et je ne veux plus les entendre, les voir encore.
Donne moi des fleurs et du vent pour les chasser
Et je ne les entendrai plus pour toute éternité.

Je chercherai le son de ton amour, de ton amitié
Et les oiseaux s'effaceront à jamais dans la lumière
Ne crains plus, les chimères
Ne crains plus la beauté…

Parce que tant qu'ils seront là
La peur régnera.
Je me bats et je n'ai presque plus peur
Parce que nous nous sommes aimés certaines heures.

Et je sais que tu reviendras, comme un prochain été,
Les grands oiseaux de la nuit ne tarderont à s'effacer
Je me prépare à t'aimer,
Et surtout à t'oublier.

Car les grands oiseaux noirs t'ont emporté
Au pays interdit à mon cœur
Pourtant il chamade au bonheur.
Si le présent est bon, c'est grâce au passé.

Je t'ai connu, je t'ai aimé
J'ai déroulé tes yeux dans mes mains,
J'ai chanté ta voix jusque dans mes matins,
Pour oublier les cris des oiseaux désenchantés.

J'irai m'asseoir sur ce rocher
Au bord de la mer de tes yeux
Sentir : eau, sel et vérité,
Au bord du sable de mes yeux.

De l'eau, du sel et de la vérité

Pour à jamais les éloigner
Et ne rester que dans tes bras
Ou, pour tout oublier là.

Toutes ces fleurs que tu m'as données
Se sont transformées
Et volés
Par les oiseaux de l'éternité.

Et je les veux ces fleurs,
Alors retrace le sentier du bonheur
Et je veux entendre la douce colombe
Enterrer les ténèbres dans leur tombe.

La lumière…
Prière
De chacun des hommes de la terre
Ont droit à l'amour et l'amitié sincères.

Du l'eau du sel et de la vérité
Mais aussi de l'authenticité.

Les grands oiseaux de la nuit
S'enfuiront devant la Vie
Alors…
A nous de ne pas être morts.

Lundi 22 Juillet 2001

Sur la lune,
J'ai aimé le feu
Et,
J'ai aimé le froid.
Aimé la nuit bleue.
Désiré
Le matin roi.
J'ai dansé
Oui,
Vibrée, vibrée
Sous ta vie.
Tu étais le feu,
Tu étais le froid,
Tu étais la nuit bleue,
Tu étais le matin-roi
Et, oui, oui
Vibré sous ta vie.
La nuit a dansé
Dans cette lumière
Et, je crois, j'ai rêvé
Ta prière, prière.
Tu chantais,
Je t'aimais.
Le ciel brûlait
Et, je rêvais.

Sous la musique du vent
De la nuit.
C'était fleur et diamant
C'était, moi, toi, ici.
Il faisait jour,
Il faisait vie.
Et, j'ai aimé l'amour
Et, j'ai aimé ta vie.
Le songe, flottait
Sur la lune
En vagues d'éternité
Sur la lune
L'oiseau de mon cœur
S'est penché sur ta bouche.
Tout était matin
Tout était soleil
Et, j'ai senti tes mains
Et, j'ai vu le vermeil.
Le songe, flottait
Sur la lumière blanche
Et les vagues, roulaient
Vierges, sur mes hanches.
Soleil ou étoiles
Décliné de pétales
En matin de roses,
L'aurore chantait

En nuit presque éclose
Et je rêvais.
J'ai vu ta vie,
J'ai vu ton souffle bleu
Dans ce pays
Sacré, presque heureux.
Pourtant,
J'ai pleuré dans le vent

Cet amour là

Il y a eu le feu, et … maintenant, il y a toi
Il y a eu l'absence, et … maintenant, il y a toi.
Qui es-tu ?
Toi qui me portes, au-delà et nue,

Oui, je pense à toi
A ces fugitifs instants
Où tu redeviens le Roi
D'une terre d'enfant.

Je te donne ma jeunesse
Que tu saisis avec délicatesse
Avons-nous le droit ?
De nous allonger là ?

Il y a le feu, et… où seras-tu ?
Après le temps
Il y a ta présence, mais où seras-tu ?
Dans 10 ans ?

Et pourtant, tu es plein de lumière
Mon Booz endormi.
Et pourtant, tu es plein de prière
Mon soleil de ces nuits.

Où je t'attends,
Et pourtant
De toi à moi
Il y a … toi

Un enfant ?
De toi.
Puis une vie sans…
Toi.

Si la mort t'emmène
Il faut profiter,
Tu es le fil qui m'unit à l'éternité
Si la mort t'emmène

Je saurai garder au fond de moi
Et cet amour, et cette joie
Qu'avec audace et beauté
Tu ne fais que me donner.
Je n'ai jamais fait face à la mort
Pourtant, elle est parmi encore.

Les Hommes…, même toi Matitia
Et pourtant tu es le roi,
De ma terre promise
De ma naissance à nouveau conquise.

Tu as en toi, ce soleil,
Tu as en toi, cette éternité,
Et j'aime cette audace, cet éveil
Renard argenté, sauras-tu m'apprivoiser?

Tu as la Force, tu as l'Audace,
Et pourtant Matitia, encore un enfant
Je crois qu'il me faudra être tenace
Devant tous les corbeaux violents.

Il y a toi, la plage et la mer,
Cette douceur qui se caresse
Dans des centaines de paroles sans aucune tristesse
Il faut penser plus vite que le temps amer.

Je te promets des moments de joie
Et de toi,
Je ne te promets aucun abandon
Ni sous la pluie, tous les pardons.

Je ne jugerai pas, celui qui m'a sauvée,
Je n'oublierai jamais celui que j'ai aimé.
Un seul baiser nous a uni
Et je suis là, amie

Encore enfant, pleine de peur.
Sans toi ;
Matitia
Je crois que c'est l'heure

Où tu deviens géant
Laisse-moi m'enfouir en toi
Où tu deviens géant ;
Apprends-moi.

Plus vite,
Plus fort que le temps
Nous devrons nous saluer autant
De Booz à Ruth la moabite.

Tu pénètres le soleil bleu,
De nous savoir heureux.
Il y a toi, il y a le feu
Je joue ma vie, comme je peux.

Et pour la première fois de ma vie,
Je découvre le paradis
D'être au monde
Et de pouvoir en jouir chaque seconde.

Mon Booz endormi,

Il se peut qu'un matin
Un enfant te réveille à demi
Et je serai l'autre partie de sa main.

Laisse-moi chanter autour de toi,
Laisse-moi pleurer dans tes bras
Laisse-moi être ton cœur et ton printemps
Je suis à la fois ta femme et… ton enfant.

Nos ennemis sont connus :
La mort, les autres et le temps
Nos deux cœurs sont nus
La vie, nous et l'instant.

Booz de mon soleil, de mes nuits
Il est temps de rire, et de se dire oui.
Je pense à toi quand tu me parles, et cela est bon,
Je pense à toi quand tu m'écoutes, et cela est bon.

Je pense à toi
Et cela est trop bon.
Fleurit l'arbre de vie, et cela est bon
Doucement germe la vie de toi.

Tes désirs sont ceux d'un enfant
Impatient

Tu m'as pris la main
Et j'ai frémi d'un autre matin.

Je crois que ce désir est amour.

Il est le roi

Il est le roi d'une terre sacrée
Il est l'enfant de Vénus et de la mer
Plein d'amour et de Vérité
J'ai choisi de l'aimer dans mes prières.

Celui là décide de me ramener à la vie
Oui oui l'océan m'emportait au loin
Et tu m'attendais près de mon infini,
Près de mon être, toi du matin.

Il a le cœur plein de douceur,
Pour moi
Il a le cœur plein de bonheur,
Pour lui et moi.

Sa démarche puissante fait frémir les fleurs
Ses yeux pleins de lumière portent toutes les couleurs
Et je l'attends près de l'arbre du bonheur, là bas
Tes pensées volent à midi, à minuit vers moi.

Il a rallumé ce feu que l'on m'avait soufflé
Dans le terrible vent où seule, j'avais peur.
J'ai grandi j'ai aimé et je revis en vérité
Ta voix est l'onguent de toutes les heures

Où sans toi le temps est cette morsure
Mais avec toi, tout perdure…
Et les fleurs, et nos courages
Pardon, nous sommes sur le même rivage.

Au bord de la mer,
Au bord du monde,
Vivants et plein sur cette terre,
Au bord du monde.

Nous serrons nos mains
Nous nous donnons les plus tendres mots
Et de ce langage sans aucune fin
Jusqu'à l'espace, où Dieu là haut

S'essouffle, au bord de ses créatures ;
Et tout autour de nous, planent les anges
Qui protégent et l'amour et la Nature.
De nos mystères, de la Force, et rien ne change

Car Tout est là :
Le soleil, la lumière et toi
Et toi
Tu es là.
De toi à moi
Il y a des secrets d'amour

Mais il y a tout ce temps !!!
Il y a pourtant la clarté du jour
Pourtant ce désir qui se veut amant.

Mais il y a elle et elle et lui…
Ramène-moi sur les rivages de cette mer
Et promets-moi les mots qui chantent la vie,
Ne m'abandonne au lever au coucher ni
…
Du jour

Que je revois tes yeux
Et que ta voix me berce et me caresse
Par la seule vibration, celle qui te rend heureux
Les mots que Tu veux sans aucune tristesse.

Tu choisiras de me laisser choisir,
Et la nuit et le matin
Tu choisiras de me faire et rire,
Et, je choisirai ta main.

Tendue, comme un soleil de feu
Que j'ai capturé,
Près de la fontaine du feu,
Où tu es allongé.

Et tu m'attends, là…
Alors, je viens là
Enfin, réunis nous prendrons alors la mer
Du désir et de la vie de la vague à la terre.

De la vague à la terre,
Tu me donnes le sel fou
De vivre de toutes les prières
De toutes les questions sans nous

Car Certitude d'amour remplace Espoir d'immortalité.
Du plaisir à la mort
Survit la Vie, le Désir, la Natalité,
Du plaisir jusqu'à la mort.

Je te donne mes désirs
Et je t'éloigne de la mort.
Je t'invite à frémir
Et je t'éloigne de la mort.

Non, tu ne prendras pas ce bateau
Non, tu ne seras plus seul dans l'océan
Je serai là, couchée à l'avant
De tous tu es le plus beau.

Sur cette plage, je voulais partager les eaux avec toi.

Sur cette plage, je voulais danser avec toi
Arrache-moi à la solitude, et aux peurs
Mais je deviens Femme de bonne heure.

Alors prends moi pour Femme.
Et aussi pour enfant…
Mon âme,
Mon cœur tremblant.

Il est parti
Il est parti avec mon feu,
Il est parti avec mes yeux ,
Il est parti avec ma lumière,
Il est parti avec ma prière,

Et moi, j'attends l'ouragan de joie
Qui me ramènera à toi.
Pour danser, voler
Virevolter.

Là
Dans tes bras,
Rêverie,
Etrange,
Et alanguie

Etrange…
L'amour est cet échange
Tu m'as donné la vie
Je te donne tous mes esprits.

Esprit de feu, de flamme
Juste lumière de femme.

Tu es parti avec mon feu,

Tu es parti avec mes yeux,
Tu es parti avec ma lumière,
Tu es parti avec ma prière,

Esprit de joie et d'espoir
Booz, ce soir…

Je pense à toi

Fleur d'oranger
Parfum

De jasmin
Et de rose bleutée.

Et, moi j'attends l'ouragan de joie…
Je crois que l'on appelle cela l'amour
Même s'il est impossible, il est là
Mon amour, je suis là.

Rends-moi le feu,
Rends-moi mes yeux,
Rends-moi ma lumière,
Rends-moi ma prière.

Pour que tu pénètres jusqu'au fond de moi.

Je t'accueillerai,
Je t'inviterai,
Pour que tu pénètres en moi.

Avec ce feu, brilleront les étoiles
Avec mes yeux tu verras mes secrets, un peu plus tard
Avec ma lumière, tu verras mon espoir,
Avec ma prière les autres étoiles.

Et ces étoiles seront aussi belles
Que tes yeux qui se posent telles
Des fils de soie sur mon cou, ma bouche
Enfin sur une couche.

Mais si tu ne veux pas suivre mon sentier
J'accuserai non toi, mais le temps
Et je te prendrai la main pour te ramener
Faire fi du temps, croire au vent.

Nos yeux,
Nos bouches

Fi du temps
Couchés ensemble sur le fil du vent.

Je serai peut-être celle qui ne ment pas.

Le feu

Mon amour, il y a du feu dans mon cœur,
Mais comme un oiseau il a peur…
De s'envoler sur ce continent mystérieux
Pourtant les clés sont belles comme le feu.

Je te donne mon feu, je te donne mes clés,
Je te donne ma maison, ma vérité,
Qui s'envole vers tes yeux pour l'éternité,
Booz, tu es plus chaud que la flamme protégée ;

Oui Booz protégée.
Je veille à cette flamme dénudée,
De toutes douleurs
De toutes peurs.

Booz, le feu ne s'éteint pas ! Ta femme
Les vagues de la Raison peuvent affluer tout le jour
La peur m'envahir, je deviens femme…
La plage à présent est pleine d'amour.

Sans toi, je tremble de froid
Mais tu dois et me pardonner et me donner
Ce qu'un Homme a de plus beau : Toi
Ta protection, ta présence, ta sérénité.

Si tu savais, comme le froid est cruel
Pour toi, je serai belle
Si tu savais, comme le froid est glacial
Cette solitude, qui fait mal.

Alors…. Je me dis :
JE SUIS EN VIE
Et toi aussi
Pour nos vies

Le feu contient du ciel car il est bleu,
Tes yeux, Booz c'est la lumière du seul feu
Que je me laisse pénétrer
Dans mes mains d'abord, et l'espoir de savoir t'aimer.

Le feu qui réchauffe porte le nom d'amour
Le feu qui brûle porte le nom de passion
Le feu qui t'appartient est Ton désir
Duquel je me laisse envahir,

Avec peur, avec joie
C'est toi, c'est à toi
De m'appeler doucement
De m'aimer de ce feu, sans tourments.

Mon amour, la nuit t'emporte et je te retiens

Parce qu'en mon sein, je tiens tes deux mains.
Et pourtant je suis seule pour aller vers toi…
Juste moi, ma Raison et mon Feu, vers toi

Laisse moi protéger cette lumière
Issue du ciel, issue de la terre
Le feu c'est aussi l'orage
Sur la mer qui chante et rage.

Cette plage berce nos premiers amours
Booz, n'as-tu pas senti ce désir pur et innocent
Qui pénétrait mon cœur et faisait vivre dans le jour ?
Mon amour, encourage-moi sur le sentier de la victoire de l'innocent.

Innocent est mon feu,
Cruels sont leurs yeux.
Que le baume
Fasse homme.

Tu as le pouvoir
De m'embrasser, de me prendre
De me connaître certains soirs
Où le feu de la nuit se fait plus tendre.

Ton amour, évince ces grands oiseaux noirs

Ton amour, ranime mon cœur, tu es mon miroir
Et alors mon feu devient ton feu,
Car vie tu m'as sauvée du malheur.

Le feu…, pour dire : la vie…
N'a jamais été aussi troublant
Je frémis Booz, j'aime et je vis
Merci à ce Dieu, lui aussi vivant

Qui nous accompagne
Dans toutes nos petites flammes.
Je pleure en mon intérieur
Quand ni je te vois et j'ai peur.

Rassure-moi
Aide-moi à
Retourner
Sur la plage de l'éternité.

Nous nous sommes rencontrés,
Nous nous sommes choisis,
Le feu définitivement sera bleu et doré
Je l'ai caché dans sa bougie.

Personne ne l'éteindra, sauf le vent
Toujours aux alentours de minuit.

Je te donnerai ma main d'enfant…
Mais Booz…, je deviens femme, je grandis.

Même si le feu que je vois me fait peur
Peut-être dans ce désert fou, viendra l'heure
Où l'oasis douce et clémente nous sera accordée
Booz, de mon soleil, de mes nuits de mon éternité.

Le feu, c'est toi qui me l'as offert
Comme un unique brasier de fleurs
Et de souffle de baiser, ce bonheur
De sentir ta bouche, comme une prière.

Tu sais, Booz les mots que tu chantes
Je les espérais depuis que je plongeais dans la mer :
Ta voix dans mon esprit, c'est ta bouche qui me hante
Tu es à la fois le feu et tous les océans de la terre entière.

Tu es Booz, ma Force et mon Feu
Et moi ?

Je ne suis plus une enfant,
Je suis Ruth….
Si ton rêve n'est qu'un rêve de diamant
Je ne serai Ruth

Si tu es fort, si tu es heureux de vivre, si tu es Homme
Et non chacal
Si tu es Matitia, si tu es Booz, si tu es Homme
Eloigne-nous du mal.

Mon feu, allume-toi dans mes bras
Ton feu, me chaufferas
Ton bleu, ton or
M'empêcheront-ils de douter encore ?

Mon roi

C'est d'abord sa bouche que j'ai sentie,
La promesse d'un long et éternel baiser.
Toute une éternité et au-delà une vie
L'amour tue la mort, il danse et chante en toute vérité.

Mon roi, par un simple regard me transmet une force immense
Mon roi, par un simple mot me transmet une joie immense
Et ce feu, je l'attise car femme je suis et j'ai foi en mon roi.
Il est beau comme les blés endormis sous les vents, sans froid

Il est doux comme le premier soleil qui se couche sur moi,
Il est bon, comme la rosée dans la main d'un enfant,
Et mes lèvres n'ont pas peur de voyager sur toi
Et ce continent mystérieux porte l'unique vent.

Que tes cheveux argentés déplacent à l'éclat des étoiles,
Mon Booz, tu marches et parles sans égal
Et tu m'aimes d'un amour qui ne m'effraie pas
J'étais biche, je le suis encore pour toi.

Mais, mon roi m'apprend aussi la guerre
Et je découvre ainsi chaque prière
Un soleil qui descend contre moi
Une vie de lui pour moi.

Je suis sa promesse… un instant d'amour
Qui dure et s'allonge le long des rives
J'aime sa main dans la mienne
Et je deviens reine.

Et je vole, et je rêve
Il est ce magicien, gardien de bien des secrets,
Et je tremble et l'arbre devient sève
Et je deviens fleurs pour l'embrasser.

Et sa bouche, ses simples lèvres
Font trembler tout mon désir
En lui, monte la fièvre
En moi, il donne ses étoiles.

Comme ce ciel d'Orient est beau
Comme je me nourris de ses mots
Il sait, il dit, il pense et il aime.
Je suis cette naissance qui germe

Je veux lui donner et la vie et la joie,
Je veux lui donner et mon corps et recevoir ses lois.
Mon corps l'attend
Mon âme entre en ses fondements.

Fusion orientale de tes mains dans mes cheveux

Fusion orientale de ma bouche et de mes yeux
Sur ta royauté.
Règne pour l'éternité.

Le voyage

C'est ton nom que j'appelle au bout de la jetée
Je te regarde depuis toute éternité,
Ce sont tes yeux que je cherche au loin
Et cherche encore au matin.

Tu m'as dit viens et je suis venue,
Alors la lune éclaira ce silence
D'un Verbe qui voulait une Chance,
Une prière de plus.

Si tu pars au bout de ton voyage
Je te ramènerai le long des présages,
De la quête du bonheur
De la balade du cœur.

Le voyage, c'est ton départ un matin,
Et puis ton absence.
Alors, je tendrai les mains
Pour éloigner l'errance.

Celle de mon cœur,
Celle de ta peur.
Tu diras : Viens et je viendrai
Et je te rejoindrai

Au fin fond des étoiles bleues et or
Qui illuminent tellement de nuits.
Je regarderai ton départ encore
Après le rêve après la vie.

Mais où vas-tu ?
Quel est le pays de ton départ ?
Mais où vas-tu ?
Oui, il se fait tard.

A ta liberté, je poserai ma peur,
A toutes mes nuits, je poserai les fleurs
Et je reverrai tes yeux
Car aucun oubli ne veut.

Et cette nuit, et ces étoiles
T'attendent vont danser au bal
Des papillons et des enfants
Alors je chanterai ma joie aux portes d'antan.

Il y aura à nouveau ce matin, ton matin et notre matin,
Le mien ne sera que pour tes mains.
Mon visage t'appelle encore,
Et je te cherche encore.

Ton matin sera lumière

Et je te donnerai l'espoir de toutes tes chansons,
Les mots je les ai dits dans le vent clair
Mes rêves seront…

Le feu de ton départ
Réunit toutes les sources de mon âme
Et j'emporte les flammes
Des couleurs de ce beau soir

Où tu t'es couché dans mes bras,
Comme un enfant,
Où tu as pleuré dans mes bras,
Comme un enfant…
Où nous avons chanté dans nos bras,

Et ces louanges ont atteint des cimes
Et tu prononces mon rêve.
Parce que le voyage est la rime
De ce retour qui achève.

Les premières nuits,
Les prochaines nuits,
Ce sera le bleu
Et ce sera le feu.

Au bout de la nuit,

Je rêverai de tes pas
Qui sonnent au parvis,
Du retour de la joie.

Et tu seras là, et
C'est promis, je chanterai.
Parce que le feu éteindra tous les pleurs
Cette passion, cet immense bonheur,

Que de se sentir vivant.
Vivre est le seul voyage que je fais avec toi,
Parce que tu soupires au vent
Et que les fleurs te répondent au doux son de ta voix.

Et merci à la lueur au bout du quai,
Et merci à l'éclair au fond de tes yeux,
Tu étais là où je serai
Et le chant confondra tous les bleus

Du monde
De la ronde
De ce petit enfant
Qui est là et qui attend.

Comme moi, mon amour je t'attends
Reviens de ton voyage

Pour souffler au bout le feu du temps
Le feu de ton visage.

Et je te dirai tous les mots
Qu'aucun mot n'a été entendu
Et tu murmureras à ton tour
Les paroles douces, tes mots.

Celles que je cherche au long de mes jours,
Tu es pour moi l'avion du ciel
Et le bateau des mers d'amour
Tu es le vent qui constelle

Et si on retrouvait l'étoile…

Les mots du rêve

Ils ont les mots bleus
Et des caresses au fond des yeux.
Et ils m'appellent, comme une enfant,
Et qui pourtant n'est plus qu'une enfant.

Ils disent les mots qui portent loin devant la nuit
Et du premier abandon,
La grande première peur de la vie,
Et eux pour elle disent non :

Plus de nuits qui crient,
Plus d'abandon dans la même vie,
Plus de peur de n'être qu'un
Plus de deux mains, seules

Et demain, les mots chanteront à nouveau
Tous leurs mots
Et je les écouterai
Comme toi, les ruisseaux d'été.

Ils chantent l'amour toute la journée,
Ils protégent et caressent tous mes tourments,
Alors, je trouve la petite clé
Et, je leur tends mes mains d'enfant…

Mais aussi, un cœur tremblant,
Une maison bleue
Mais aussi mes frissons du vent,
Des nuits et des jours heureux.

Alors vos mots, mes Amours,
Seront comme le matin
Du lendemain,
Toujours.

Lui

Tu es parti, comme le feu quitte les neiges
Et l'écume de glace s'est figée en mon cœur.
Nul combat, nul piège
Rien que tes mots et grandit ma peur.

C'était la nuit et le jour d'une nuit
C'était le jour et la nuit d'un jour
Tu as pris le vent dans tes bras et tu es parti,
Tu as pris les foudres et l'amour.

Tes mots
Le souvenir de ta peau
Le feu, la fin et le vent, demain
Et ta bouche et tes mains

J'irai chercher les fruits de l'éclat
J'irai danser au matin des rois
Et le voilier tanguera sur ton souvenir
Te rappeler la première prison, c'est se laisser mourir.

Et si les fenêtres étaient restées ouvertes
La lumière bleue serait devenue verte
Et si tu avais trouvé le repos
Tu aurais compris mes mots…

Je te chercherai encore.

Le courage

Le courage c'est quand il pleut et qu'il fait gris
Et que ton Soleil rayonne au bout de la nuit.
C'est comme un matin, qui appelle ta joie
C'est comme un enfant qui apprend les lois.

Mais le courage…
C'est aussi aller au-delà des mirages,
Au-delà de toi,
Au-delà de moi.

J'en appelle à tes yeux, à ton cœur
Et répondre à la solitude.
J'en appelle à tes yeux et nos fleurs,
Et répondre à la solitude.

Le matin chante pour le pauvre qui gémit
Et notre amour devient sa quête dans la nuit
C'est comme quand tu prends mes yeux,
C'est comme quand il devient heureux ;

Oui, je sais que tu existes :
Bonheur, Joie, Tendresse.
Je t'embrasse quand tu es triste
Pour que rêve notre jeunesse.

Je pose mes mains sur l'arbre
Je laisse glisser mes cheveux sur le marbre,
Et l'écorce devient fertile,
Et le cruel devient docile.

Je prends ton mal, et ta nuit,
Parce que mes ailes
Sont encore plus belles
Lorsqu'elles s'étendent sur la mer
Le courage, c'est toi et la lumière

Ta lueur appelle les anges
Et les mots alors, et seulement alors
Deviennent à la fois bleus et ors,
Il n'y a plus rien d'étrange.

Ces bras tendus, cette bouche offerte,
Seront mes derniers appels,
Ces bras tendus, cette bouche offerte
Parce qu'un jour je fus belle…

Et le courage c'est d'en garder un secret,
Un secret à la fois fou et ensoleillé
Dont le soleil te parle encore
Et le courage… devient aurore ;

Et de soleil en soleil
C'est la merveille,
Du galop, des éclairs
Du creux de la clairière ;

Le courage tend les mains au poète égaré
Le courage tend les mains aux solitaires exilés
Aux souffrances du corps et de l'esprit
Raisonne le cri du lion dans la nuit.

C'est une main qui devient mienne,
Ma lumière qui devient tienne…
Ce voilier ni bleu ni blanc
Ce cadeau, cet enfant…

Et …l'amour plus fort
Le courage de Vivre encore…
Comme toi,
Comme moi.

Le courage c'est partir…
Et revenir…

J'aime cette lueur
Et je la protège.
Le courage c'est braver tous les vents et ma peur,

Et le sourire et mes étoiles deviennent le cortège…

Inlassable, …berceau de ton courage
Prendre la nuit comme un feu.
Force devienne mon courage,
Je prends le chemin de tes yeux

Et j'ouvre le livre de l'espoir
Le courage de lire même le soir.
Lorsque les mots deviennent sauvages
Lorsque les mots deviennent courage.

Avec le tard

Parce que la quiétude ramène l'horizon à la mer,
Je chante encore au travers des brouillards,
Et parce que j'attends les firmaments éphémères,
La mélodie de la nuit viendra avec le tard.

Avec le tard, avec demain
Nous prendrons tous les chemins
De la licorne à l'obscur éclat
Il n'y aura plus de nuit et de fracas.

Et quand la mer recouvre l'horizon,
C'est l'instant de la révélation,
Et parce que ça n'arrive qu'une fois
L'éternité se fera unique loi.

Et puis ce temps,
Et le chemin bleu vert
Où j'ai choisi l'instant
Deviendra ma lumière.

Je choisis ma licorne et ma mélodie,
Toutes les révélations de mes nuits,
Juste parce que sur mon firmament
S'est posé un instant, la folie du vent.

D'éclat en éclat,
Le calme et la douce pesanteur
M'ont appris à respecter la Loi,
Celle qui donne honneur,

A cette lumière
De la couleur chimère.
Alors j'ai attendu,
Oui j'ai attendu.
Et même si j'avais peur
Je n'ai rien dit.
Car il était l'heure
Du temps, et de la nuit.

Et voilà, que le jour se lève
Et voilà que le monde devient rêve.
Rêve bleu qui donne au ciel
L'azur, et le destin réels.

Alors reviens, la vie,
Chante le nom des prophéties :
Il y aura un lendemain,
Et le calme dans le matin.

Ce temps là

Ce temps là, il n'est à personne
Ni à toi, ni à moi.
Pourtant à nous deux
Il donne espoir et lois.

Interdit d'oublier qu'il est là
Et qu'il deviendra
La porte où l'horizon
Posera le seul et unique nom.

Il courre du premier matin,
Jusqu'au dernier chagrin.
Ce temps là, ce sera le premier
Et il fut le dernier.

Soleil de la lune
Et lune du matin,
Les étoiles unes par unes
S'aligneront devant tes mains.

Parce que ce temps là …
Il n'est à personne.
Parce qu'avec ces yeux là
Reviennent et résonnent,

Les flots de l'océan.
Ce sont les eaux et le temps…,
Qui s'aiment au doux rivage
Des secrets, des présages.

Alors porte haut et fort Vérité !!!
Oui, car il y a cet amour.
Il attends et cherche à retrouver,
Le premier signe d'amour.

Je suis là,
Et je n'ai pas peur du temps.
Tu es là,
Attends, encore, attends …

Ce temps là, il n'est à personne.
Juste à ton pas sur le sable,
Jusqu'au sang de l'érable.
Ce temps là il n'est à personne.

Dans la mémoire de ces nuits
Quand je pense à ces nuits,
Je revois le bleu et le sombre,
Les éclairs et le cortège des ombres.
Alors je me pose là et puis j'oublie.

J'oublie d'abord ma mémoire
J'oublie ensuite la nocturne,
Vision toute ponctuelle et rare
Je reste et j'espère taciturne.

Alors ces nuits échangent leurs souvenirs,
Je me souviens du bleu, de la lumière
Et du feu, celui qui se souvient du désir.
Je me souviens de toi et de l'éphémère.

Ne pars pas, attends la lumière du matin,
Ne pars pas, attends l'ombre du soir.
Quand je pense à ces nuits, à ce destin,
Enfin je me rapproche de l'ivoire,

Satiné de ton espoir.
Alors, l'espérance à une patrie ;
Une demeure pour une nouvelle histoire,
Une étoile pour une nouvelle vie.

Et si je te donnais mon étoile,
M'emmènerais-tu à dos de cheval,
Vers ces contrées et ces océans ?
Je reviendrais au pied de ce mur virginal

Et dans la mémoire de ces nuits,
Une nouvelle fois le bleu unira
Dans le ciel, la fin de la vie,
Et, vers la mer ton premier pas.

Nous marcherons, loin et longtemps,
Et, le calme fera souffle et vent.
La mémoire violente et candide,
Apaisera encore les terreurs perfides.

C'est dans la tourmente et dans la pluie
Que l'aube clamera son amour
Parce que pour une seule nuit,
Il y eut le souvenir du jour.

Je me souviens d'avoir été
Comme toi, un grand secret.

Le cercle des poètes disparus

Le cercle des poètes disparus,
N'est pas fermé.
Le cercle des poètes disparus
Est ma nouvelle volonté.

Quand les mots ne suffisent plus,
On se retrouve nue,
J'ai cru sentir tes mains
J'ai pensé tôt le matin.

Mais, ton ombre
Mais, l'éclat sombre
Me disent …patience…
Alors, je danse
Pour oublier
…
Le cercle des poètes retrouvés.

Ma liberté

Ma liberté, c'est une fenêtre
Que je te donne, parce que je t'aime.
Mes rêves sont une fenêtre
Que je te donne, parce que je t'aime.
L'air, le vent, la vie
L'amour, et la folie.

En ouvrant, les volets,
Je t'ai laissé entrer.
Premier oiseau de mes songes,
En rêvant de toi, tu longes
Ma prière et mon espoir.
La volupté, son écrin d'ivoire ?

Et, avec toi, le soleil et la nuit
Chantaient, bleu, la même mélodie,
Chantaient, bleu, la même liberté.
Et moi, je ne pouvais que t'aimer.
Depuis, la fenêtre est toujours ouverte
Et, je découvre que tu m'as découverte.

Pourtant, j'ai mis longtemps
A trouver, la clef d'argent.
Tu la portais autour du cou,
Tu disais : elle me rend fou

Amour et folie…
Ce n'était que sa magie.

Magie d'une boite d'ivoire
Sur le chemin des falaises et des pierres
Il n'y avait que ton histoire
La lune me disait : tu l'aimes
Et, je lui disais, je t'aime.

L'astre de la nuit s'est envolé
Dans les promesses
L'astre de la nuit s'est envolé
Dans les caresses.
Et, l'oiseau a volé sur mes yeux.
J'ai vu l'éclair, la nuit, le feu.

J'ai vu l'ombre et la lumière,
Rayons de lune, rayons d'espoir.
Tu étais à la fois le sel et la mer.
J'ai couru là-bas, pour fuir le noir ;
Il n' y avait que ta bouche et tes mains :
La soie stellaire du matin.

Je me souviens les volets bleus
S'agitaient, les fous, vers le temps.
Un temps à la fois

Toi et moi.
Et, l'horizon, qui galopait
Sur les sables et les marées.

Tu étais là,
Tu parlais de moi.
C'est alors que les couleurs
S'élevèrent en chants de fleurs.
J'étais à toi …
Et, c'était là-bas.

Dans un monde ancien
Plein de rêves et de chevaux,
J'ai juste pris ta main
Et, la nuit s'est faite galop,
Et, ta main s'est faite passion.
Alors, trembla l'horizon.

Au bout de l'océan,
J'ai vu des géants,
Au bout de l'horizon,
Chantaient les oiseaux blonds.

C'était une symphonie,
C'était amour et folie.
La solitude du ciel,

La solitude de la nuit.
L'oiseau et l'éveil,
La lumière de la vie.

J'ai attendu la gloire du jour
Pour triompher dans le cristal.
Car la lueur, jouait avec l'amour.
Dans ses yeux verts d'opale.
Il était pierre, il était vent :
J'étais chair et sang.

Je l'ai aimé,
Il m'a quittée
Aujourd'hui, je renais ;
C'est ma liberté,
Ma liberté,
Ma liberté.

Ni rose, ni bleu
Le soleil devient rose,
Le vent ouvre les roses.
Et le parfum de la vie
Divague ici et là à l'infini.
C'est le chaud qui devient bleu,
Et le vent qui devient furieux.
Attends, attends que tout s'apaise,
Et redevient Roi de la plus haute falaise.

Oui il fera jour,
Et les fleurs toujours d'amour
Chanteront l'espoir d'un chemin partagé.
Parce que demain, c'est aussi l'éternité.
Et le Seigneur de la clarté saura unir
Enfin vers l'aurore,
Pour ne plus partir.
Mélodie incontournable du silence,
Tu redonnes à l'océan ses jours d'enfance.

Cette enfance ni rose ni bleue
Une enfance de matin, de nuit,
Où j'attends
Le firmament
Qui ne sera ni bleu
Ni ébloui.

Que la joie vienne
Et que mon cœur devienne
Ni rose ni bleu,
Juste porté par les yeux,…
De la force qui me guette.
Pour
Qu'à mon tour,
Je t'ouvre la porte
Ni rose, ni bleue,
Par la seule clé en quelque sorte
Du seuil ni rose ni bleu.

Si les premiers mots sont
Un commandement d'amour
Il n'y aura plus de questions
Juste, le rêve d'un jour.

Et si le rêve surgit du sommet de la falaise
Chaque sourire et douceur t'apaisent.
Le vent, le vent devient fleur
Parce qu'il touche leurs cœurs,
La falaise et la mer
Le vent et les roses,
Pour que la prière
Ne soit ni bleue ni rose.

Et tu danses et tu tournes
Dans le feu de ton espoir,
Et tu danses et tu tournes,
En cherchant le miroir
Ni bleu ni rose
Mais qui sera le reflet des choses

Du mystère
De l'éclair,
De la prière,
De cette mer

Ni rose, ni bleue,
Mais au bord de tes yeux.
Les yeux de ton mystère,
Entrent en moi, comme une lumière,
De l'océan qui chante
Les louanges
Des hommes couchés sous les tentes…
De nos déserts.

Et si, la nuit n'était ni rose ni bleue
Pourrais-tu, me montrer ton Dieu
Et découvrir qu'il est le même
Que le mien m'aime ?

La joie

Elle arrive un matin,
Comme le soleil sur les mains
Elle te pose un sourire,
Et t'empêche de partir.

Et tu restes avec elle,
Parce que le matin
Ce matin là, elle est belle
Et sourit à l'entrée du chemin.

Elle rit comme l'enfant de la lumière,
La joie devient musique céleste
Elle sourit au bout des prières
La joie devient musique céleste.

Elle porte et t'emporte.
Tu l'attendais depuis le firmament.
Et les étoiles …, comme une escorte
Font de l'éternité le sourire du temps.

Elle arrive sans se présenter
Comme la clarté s'étale dans le couloir.
Tu l'as choisie, et elle est venue te rencontrer
Pour t'aimer et t'honorer jusqu'au soir.

Parce que la joie vit dans les mains des anges.
J'ai choisi la musique céleste et les louanges,
Cependant la joie m'a dit :
Ses mains sur toi, sur l'infini.

Comme un cheval fou,
Elle vient jusqu'à nous
Sans juge et sans lois
Comme l'amour, elle est joie.

Et la joie ressemble à l'amour
Et l'amour ressemble à la joie.
Alors le cheval monte au sommet du jour
Au galop et au petit pas
Mais vers toi,
Il va.

Si tu préféres

Si tu préfères, les paradis artificiels,
A mes yeux, mon corps, mon âme ;
Si tu préfères, être un félin cruel,
A un simple homme, aimant une femme ;

Si tu préfères, l'alcool,
A l'alcool de mon corps ;
Si tu choisis de fuir vers la mort,
Au lieu d'aimer la vie même folle ;

Alors tu n'as rien compris
Rien compris …

Mais surtout, si tes vagues se brisent,
A chaque vagues ;
Et, si le bleu des vagues,
Deviennent des prunelles grises ;

Si tu préfères me faire peur,
Je m'arracherai à tes nuits.
Et, si tu aimes la douleur,
Je quitterai tes envies.

Si tu préfères, les drogues,
A toutes nos pirogues ;

Si tu préfères tanguer,
Sur un horizon artificiel ;
Si tu préfères, écumer,
Des océans irréels ;
Alors, tu n'as rien compris ,
Tu méprises la vie.

Et, pourtant, tu voudrais,
Aimer et être aimé.
Mais on ne t'a jamais appris,
Alors, tu n'as rien compris.

Si tu préfères, glisser entre l'eau et le feu,
Si tu préfères,
Les chimères ;
Aux licornes bleues,

Alors, tu n'as rien compris,
Tu n'as rien compris.

Si tu préfères l'indifférence,
A l'ouverte jouissance ;
Si ta jeunesse, tu l'oublies,
Alors tu n'as rien compris.

Si tu préfères oublier,

Pour ne plus vibrer ;
Si tu préfères,
Te faire
Dur,
Et, …, ignorer le pur.

Si tu préfères, le temps qui meurt,
A la naissance d'un seul cœur ;
Si tu préfères le silence,
Transi, jusqu'à la violence ;

Alors tu n'as rien compris,
Mais, moi
Qu'ai – je compris,
De toi ?

Table des des matières.

La tente d'Achème 7
Les grands oiseaux de la Nuit 13
Lundi 22 Juillet 2001 16
Cet amour là 19
Il est le roi 25
Il est parti 30
Le feu 33
Mon roi 39
Le voyage 42
Les mots du rêve 47
Lui 49
Le courage 51
Avec le tard 55
Ce temps là 57
Dans la mémoire de ces nuits 59
Le cercle des poètes disparus 61
Ma liberté 62
Ni rose, ni bleu 66
La joie 69
Si tu préféres 71